THIS
WORKBOOK
BELONGS TO

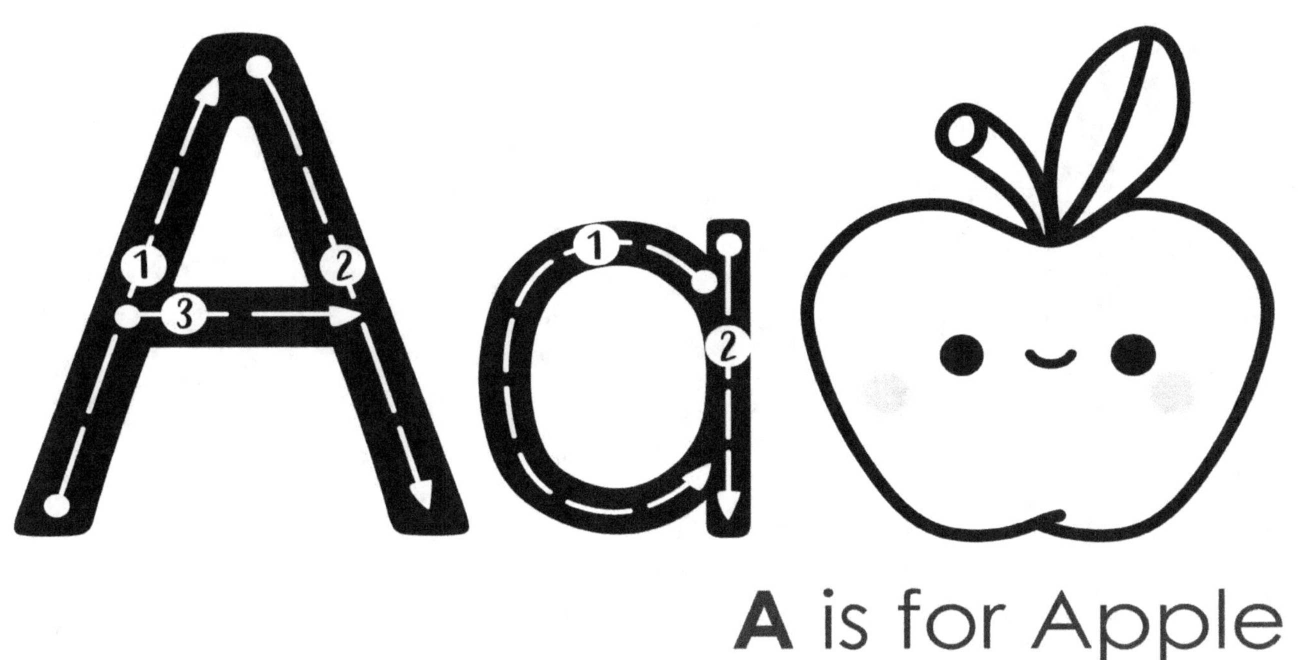

A is for Apple

B is for Book

B B B B B B B

B B B B B B B

b b b b b b b

b b b b b b b

Trace Letter - C

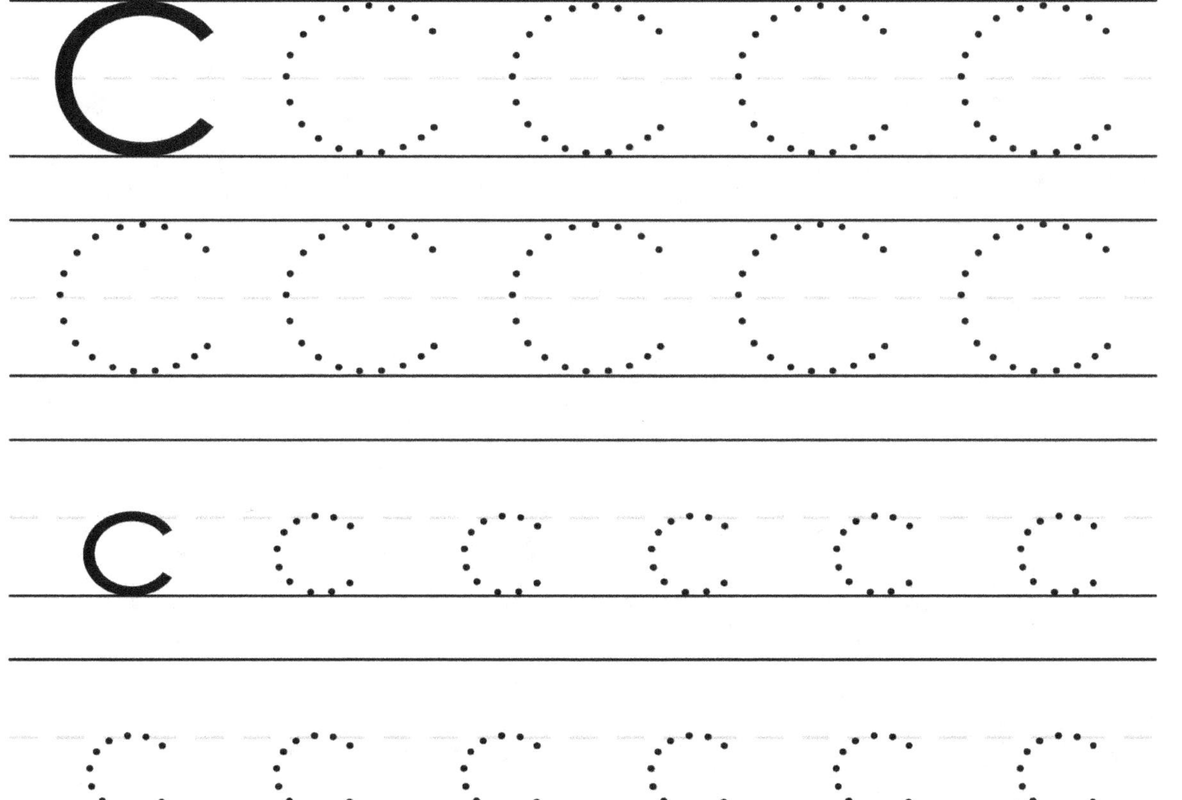

c is for Cactus

Trace Letter - D

D is for Drum

Trace Letter - E

E is for Egg

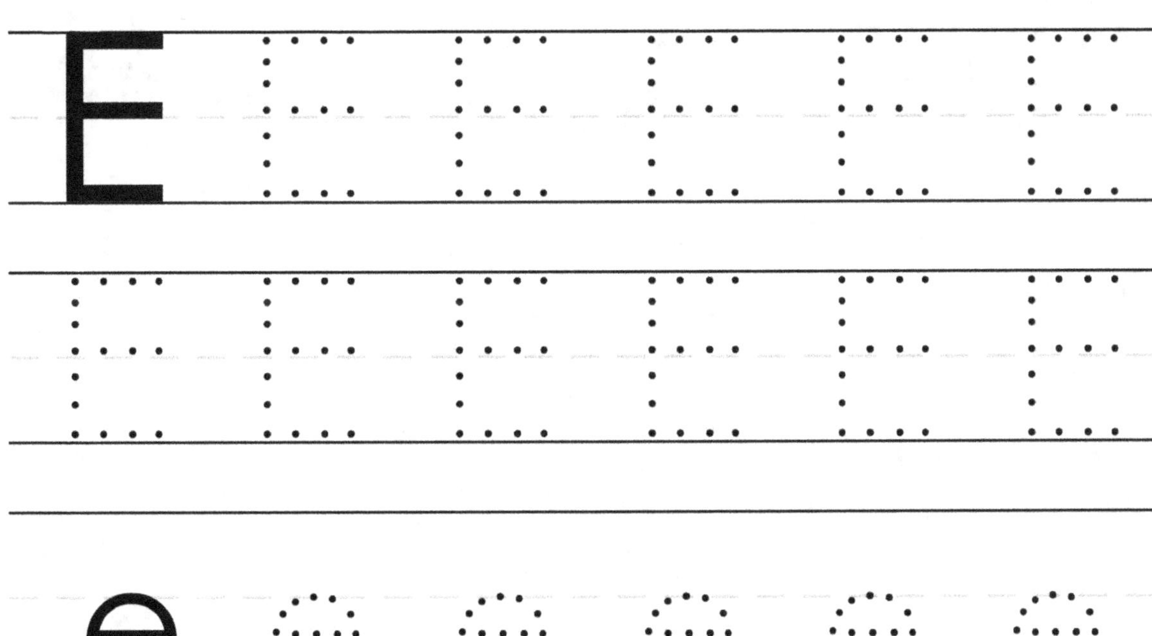

E

e

Trace Letter - F

F is for Flower

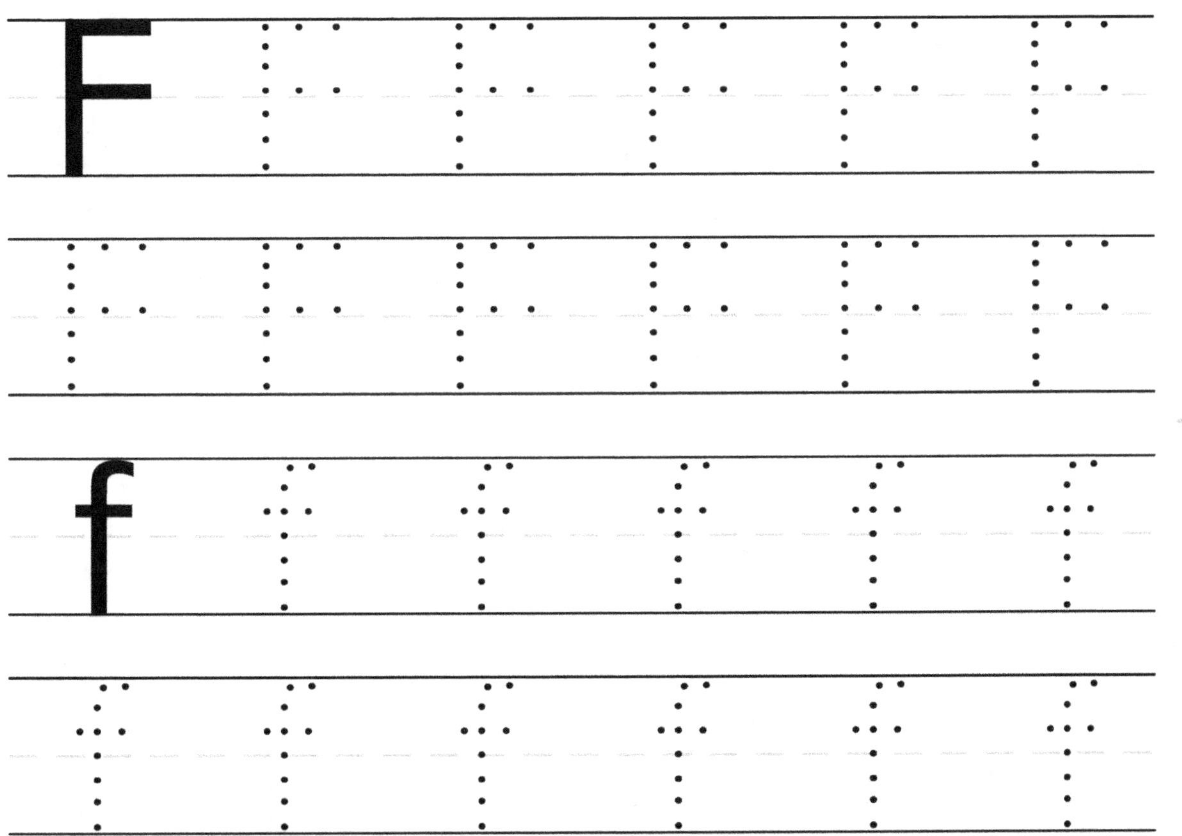

Trace Letter - G

G is for Gift

G

g

Trace Letter - H

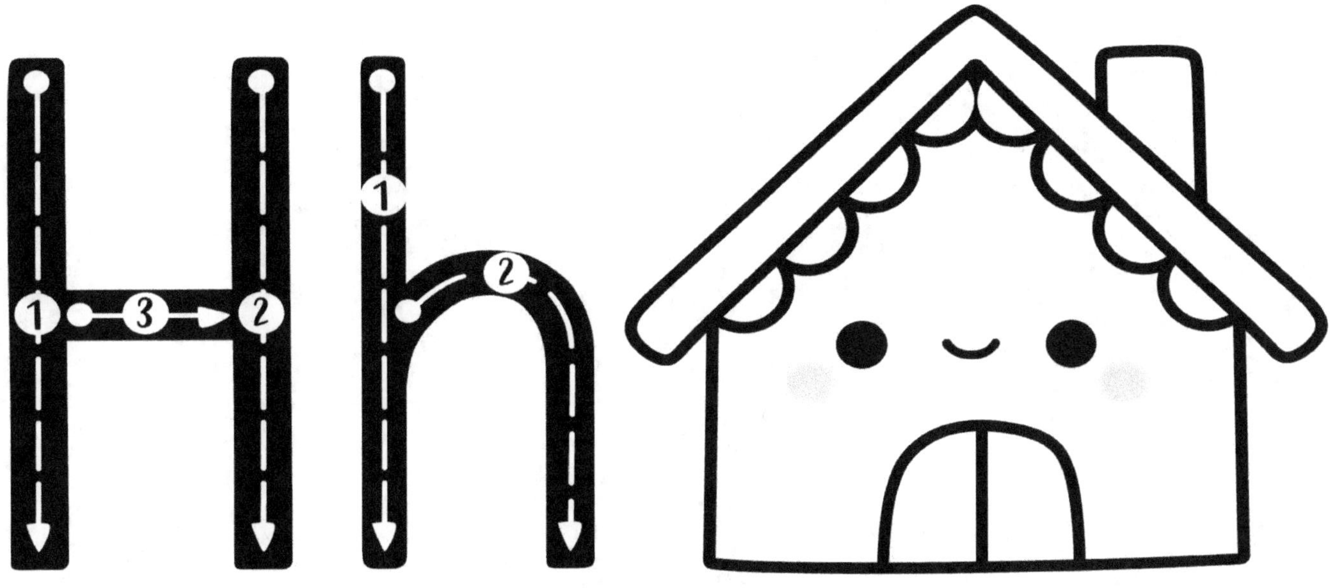

H is for House

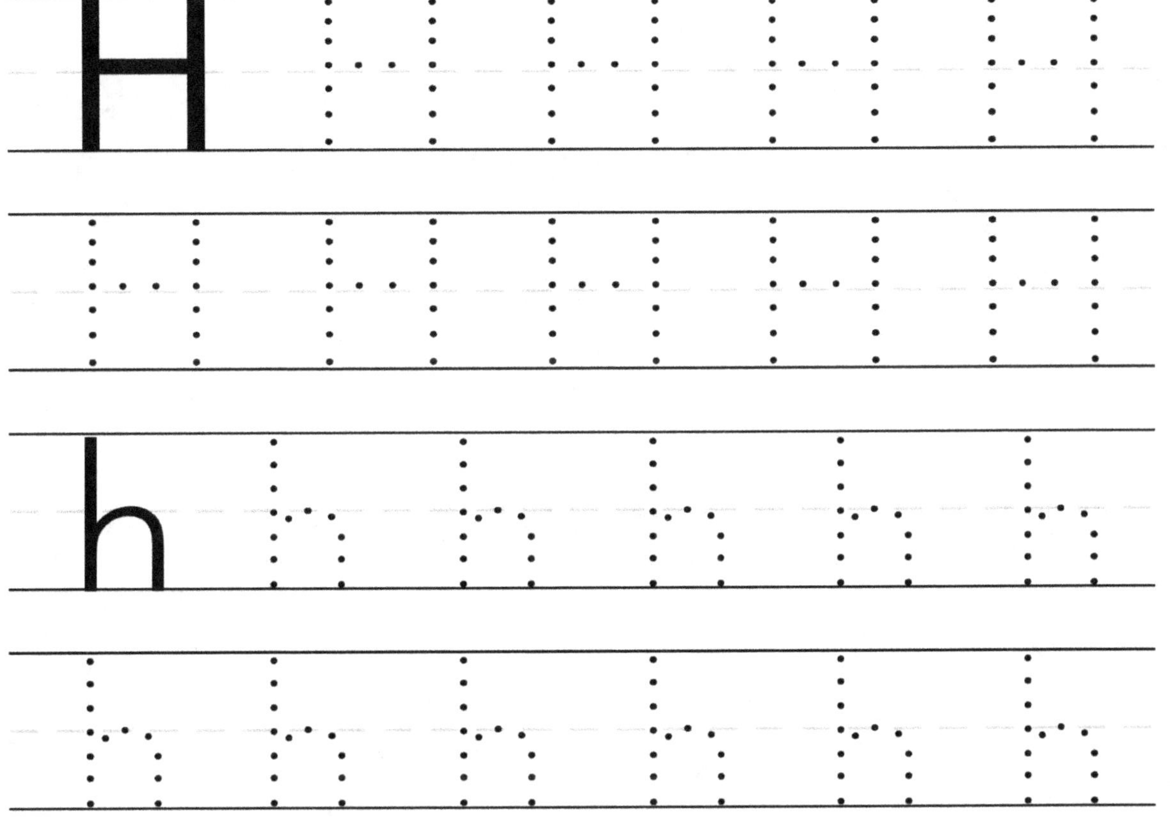

Trace Letter - I

Trace Letter - J

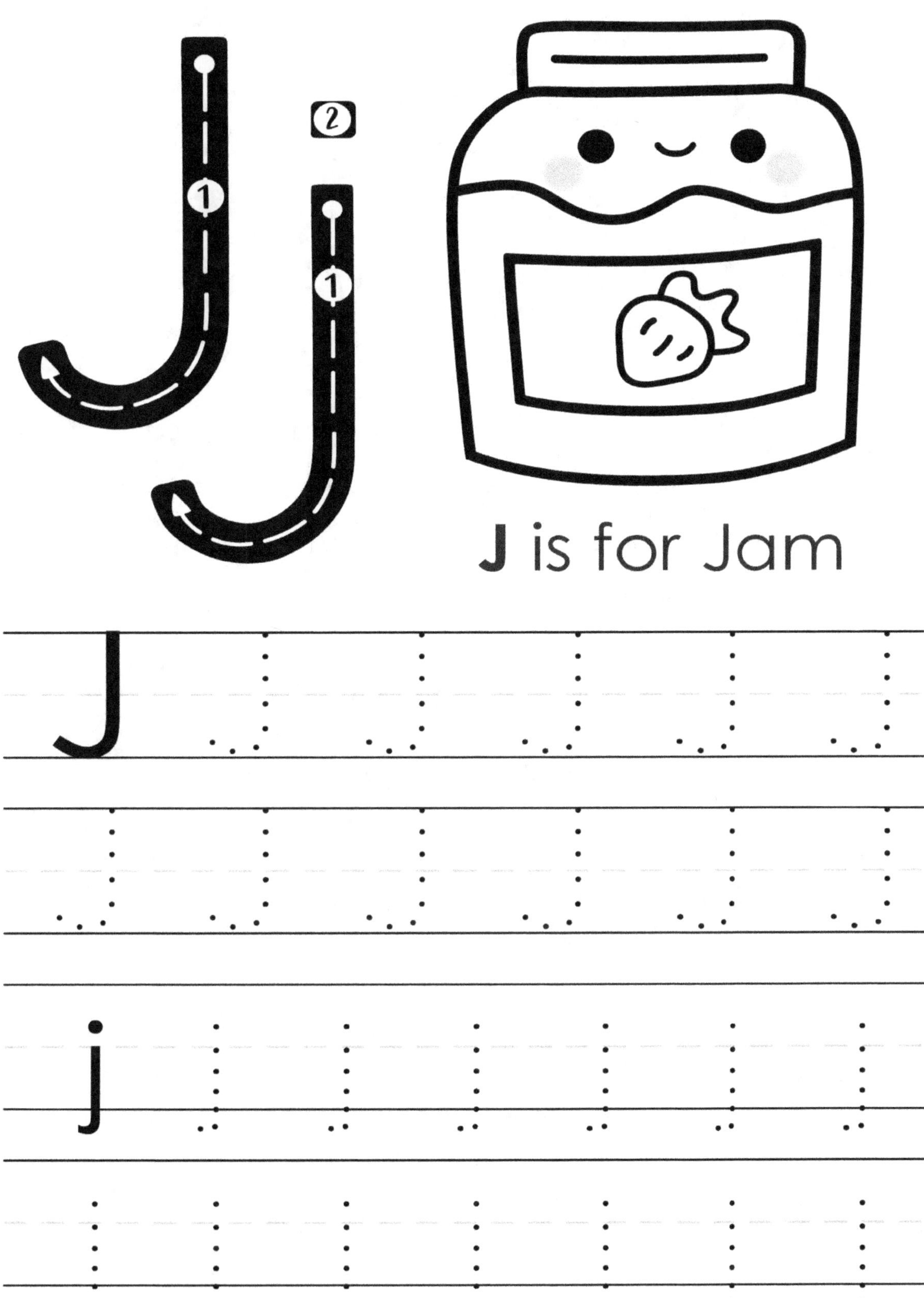

J is for Jam

Trace Letter - K

K is for Kettle

Trace Letter - L

L is for Letter

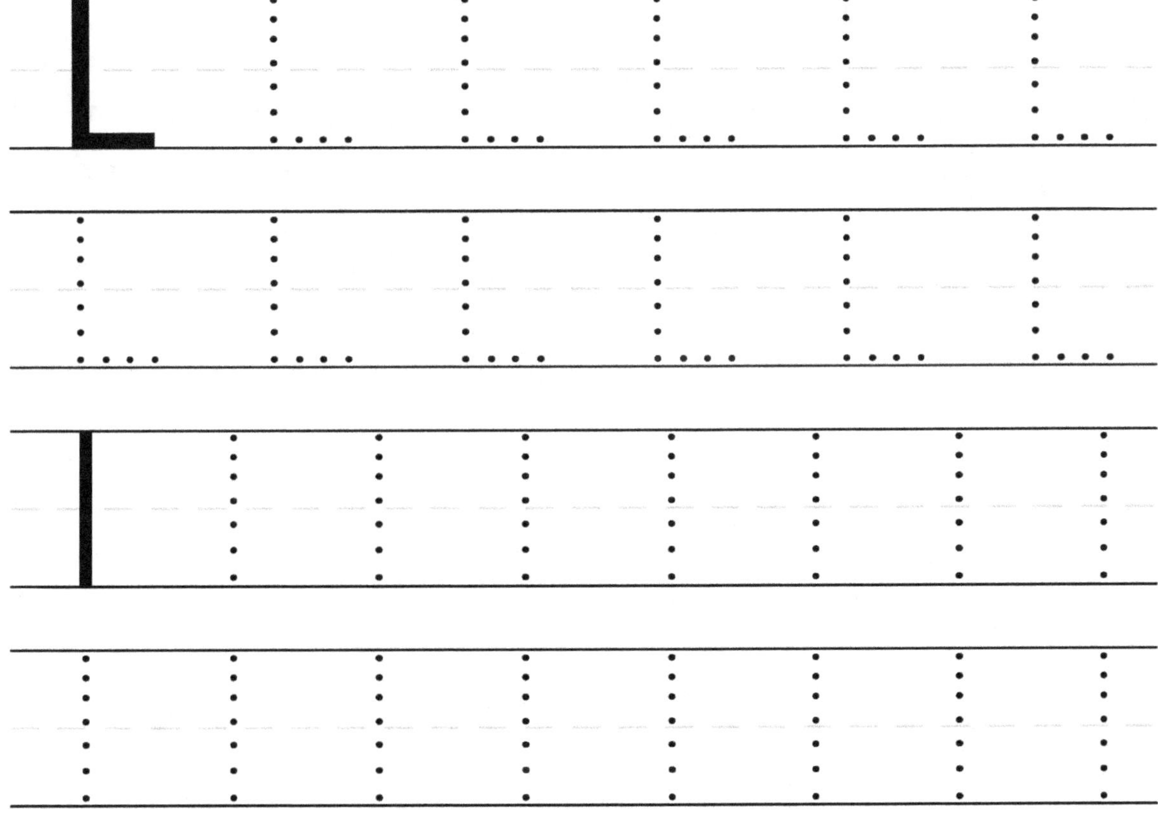

Trace Letter - M

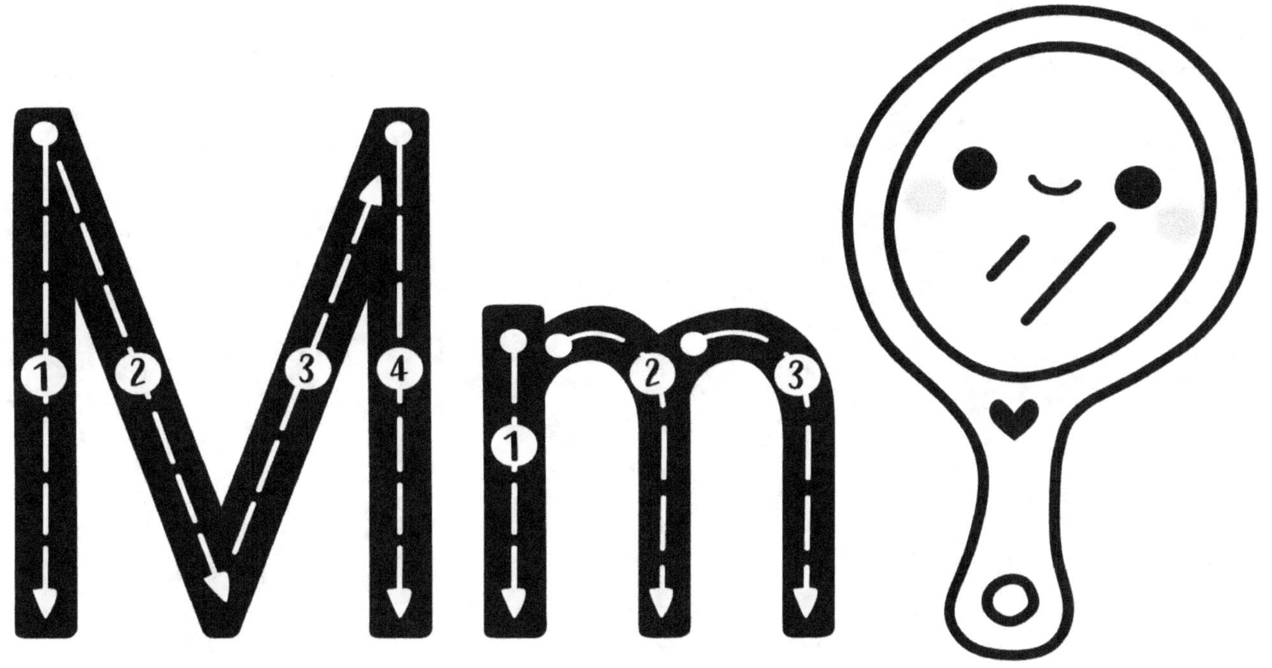

M is for Mirror

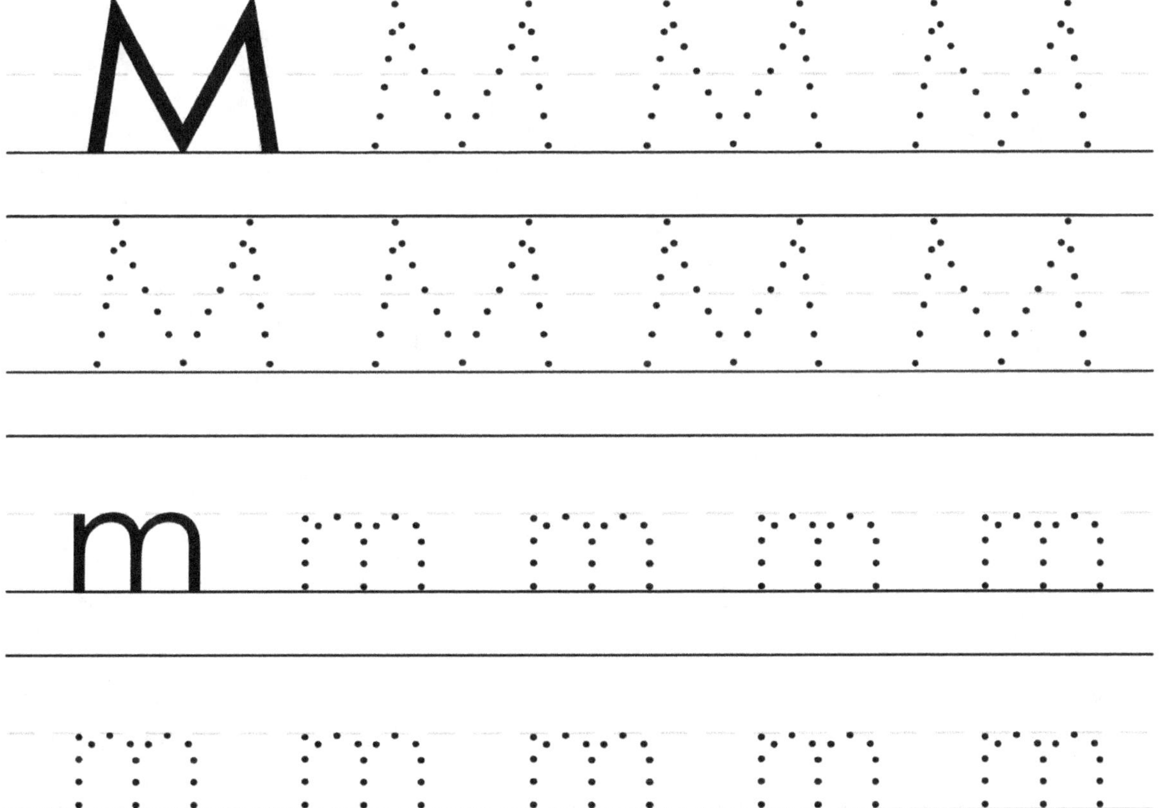

Trace Letter - N

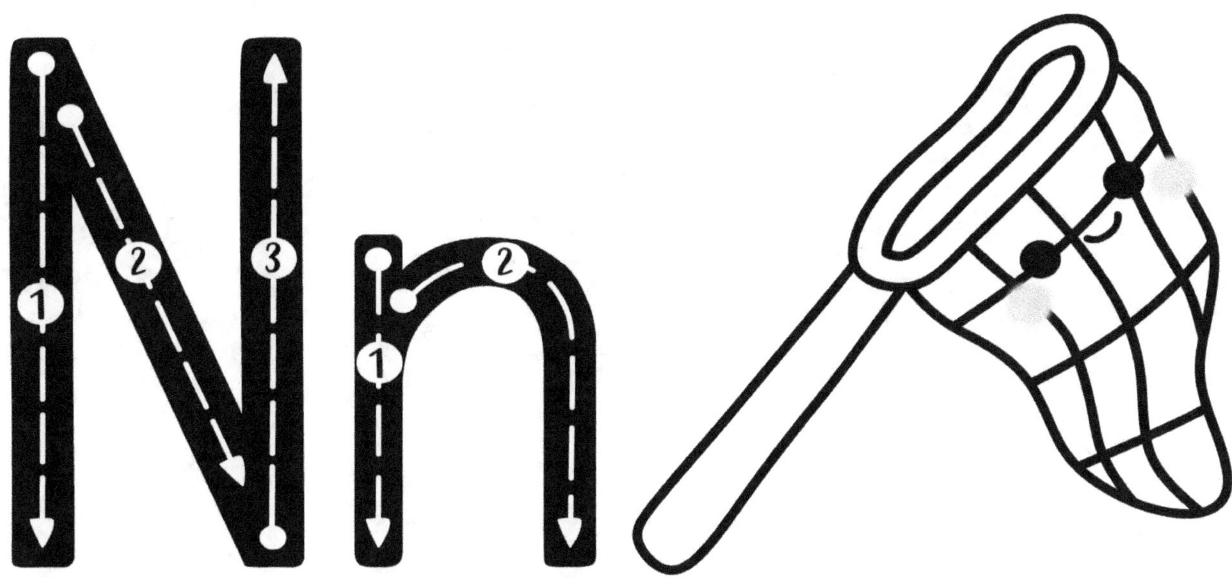

N is for Net

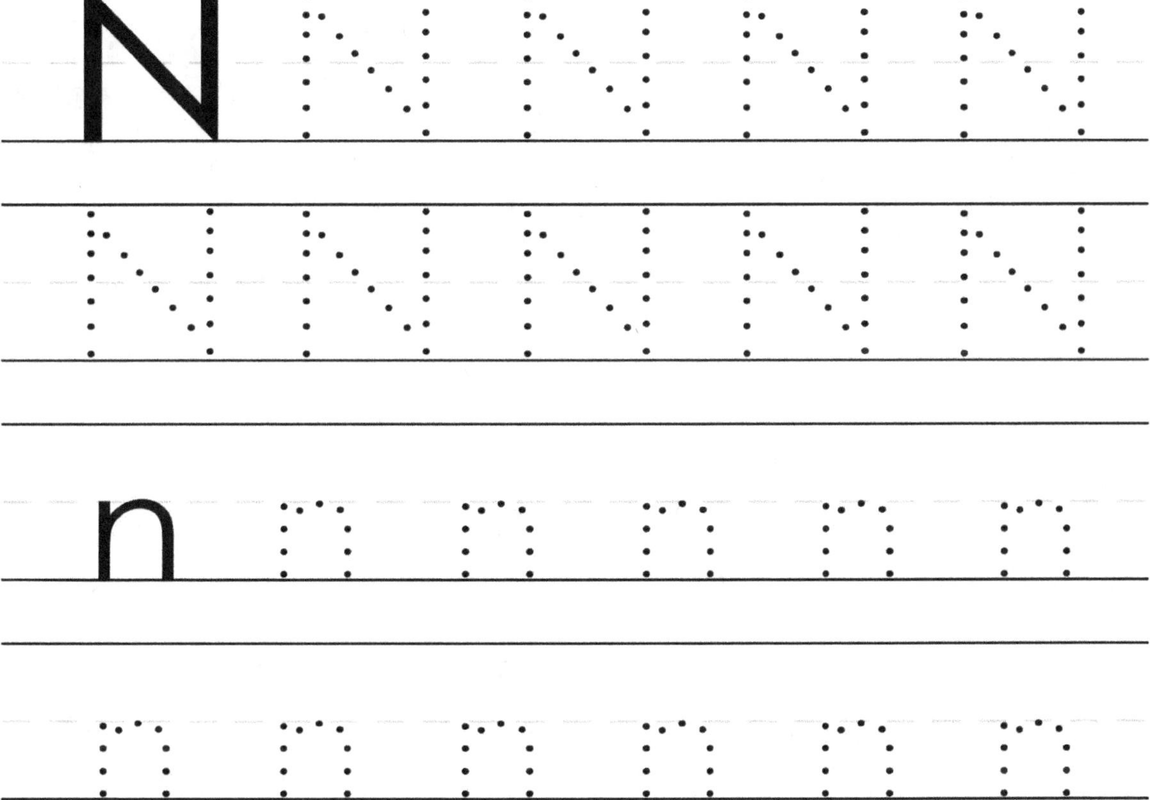

Trace Letter - O

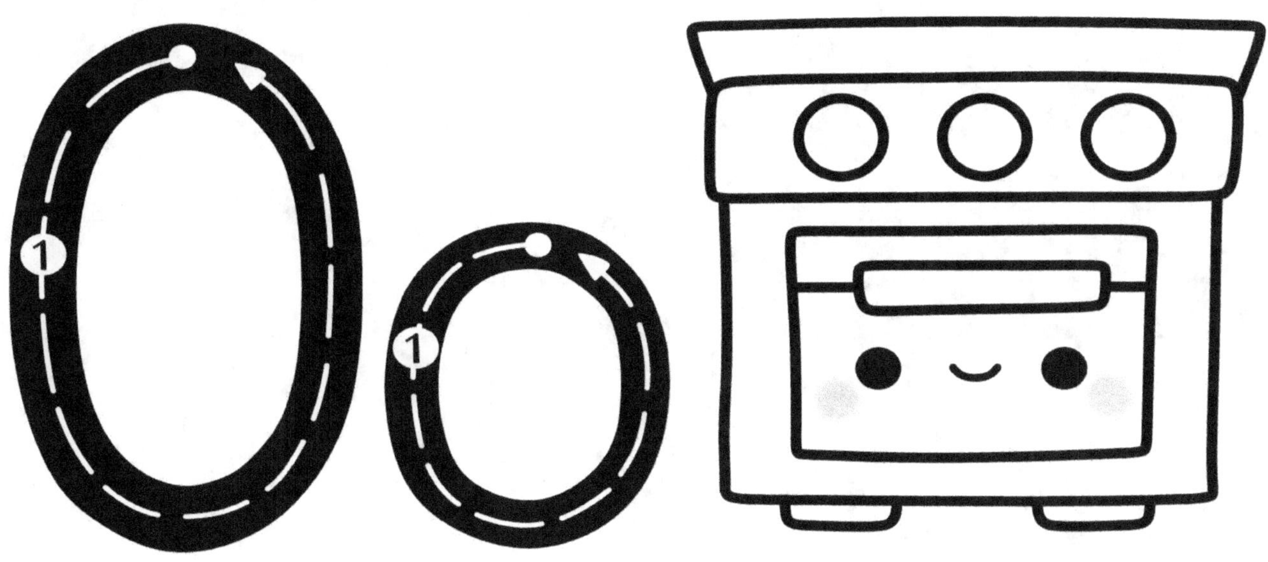

O is for Oven

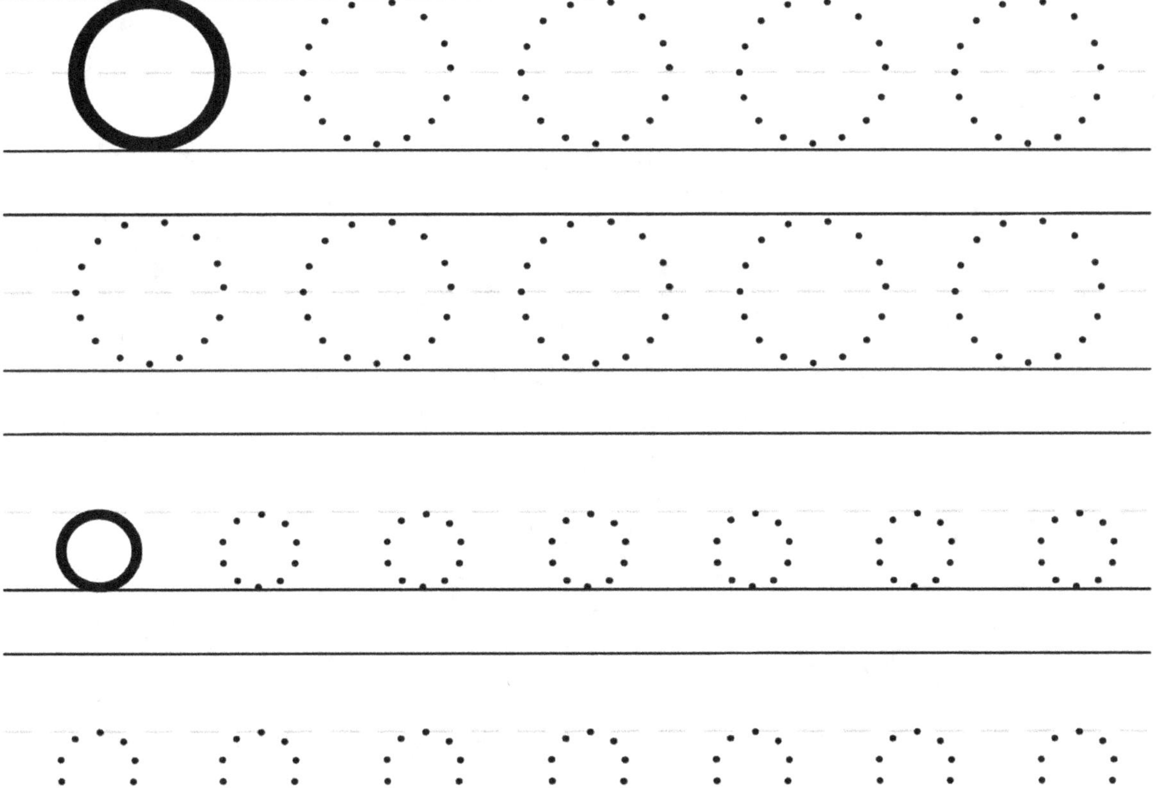

Trace Letter - P

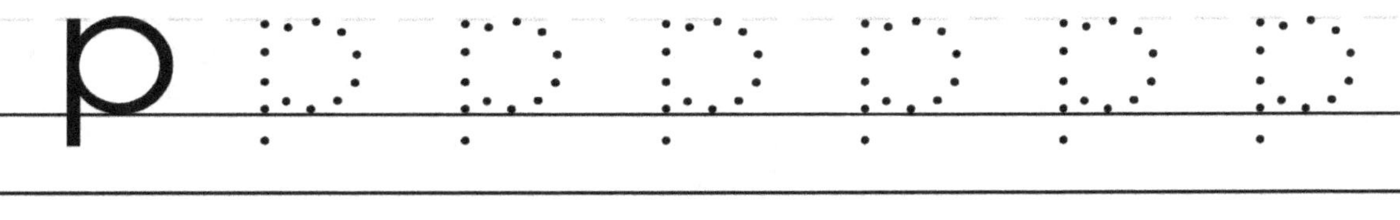

P is for Pineapple

Trace Letter - Q

Q is for Quartz

Trace Letter - R

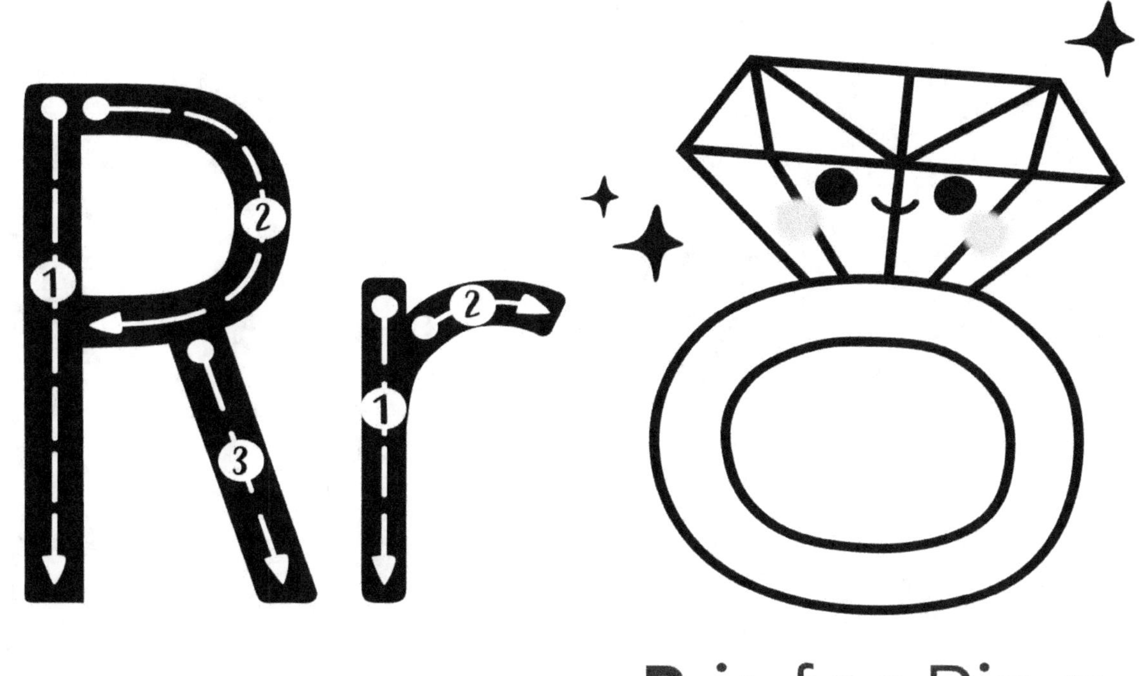

R is for Ring

R

r

Trace Letter - S

S is for Star

T is for Tomato

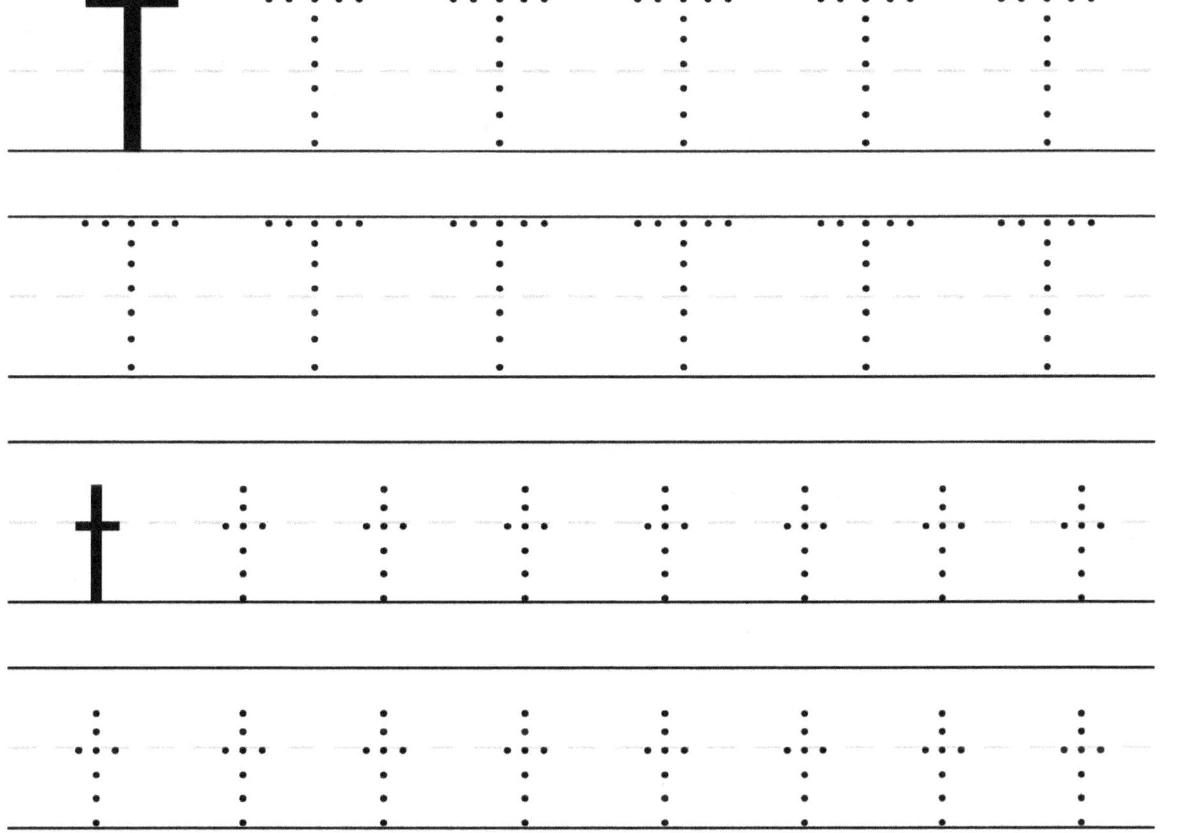

Trace Letter - U

U is for Umbrella

Trace Letter - V

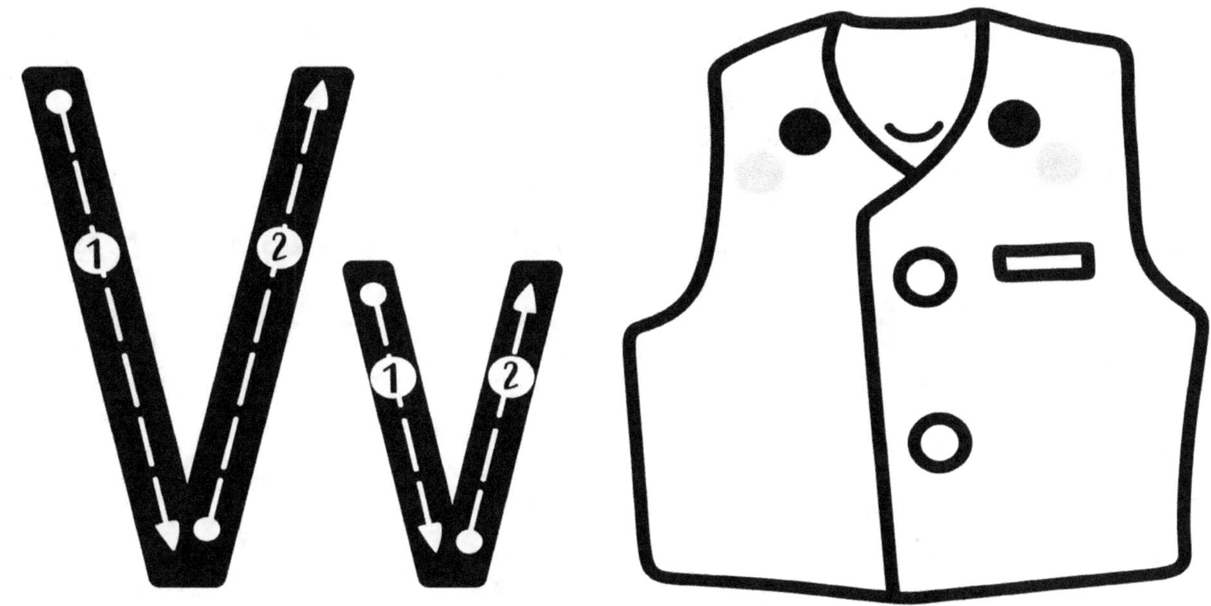

V is for Vest

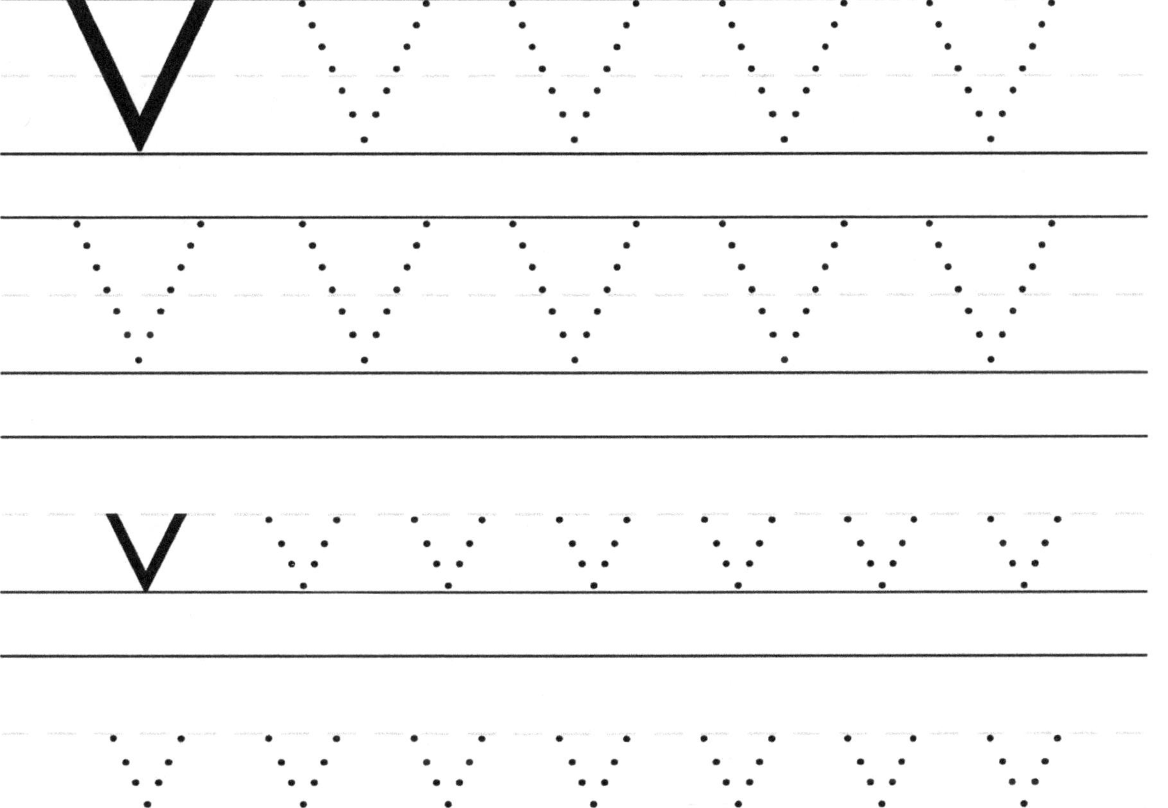

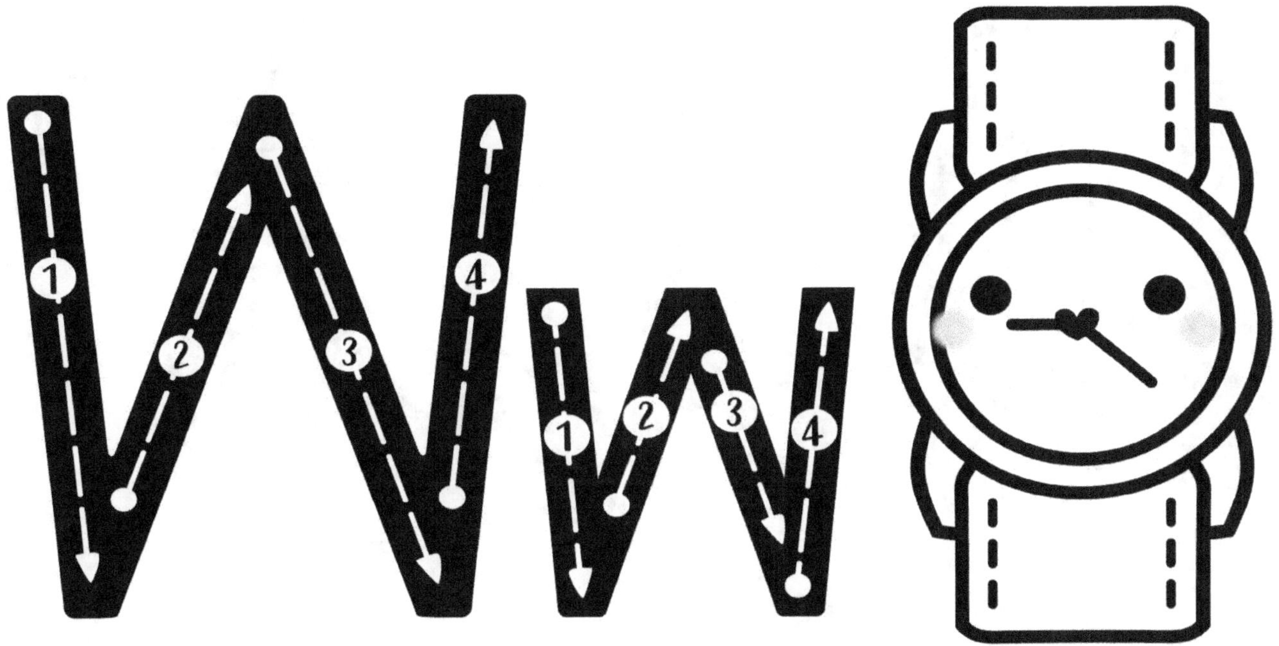

W is for Watch

Trace Letter - X

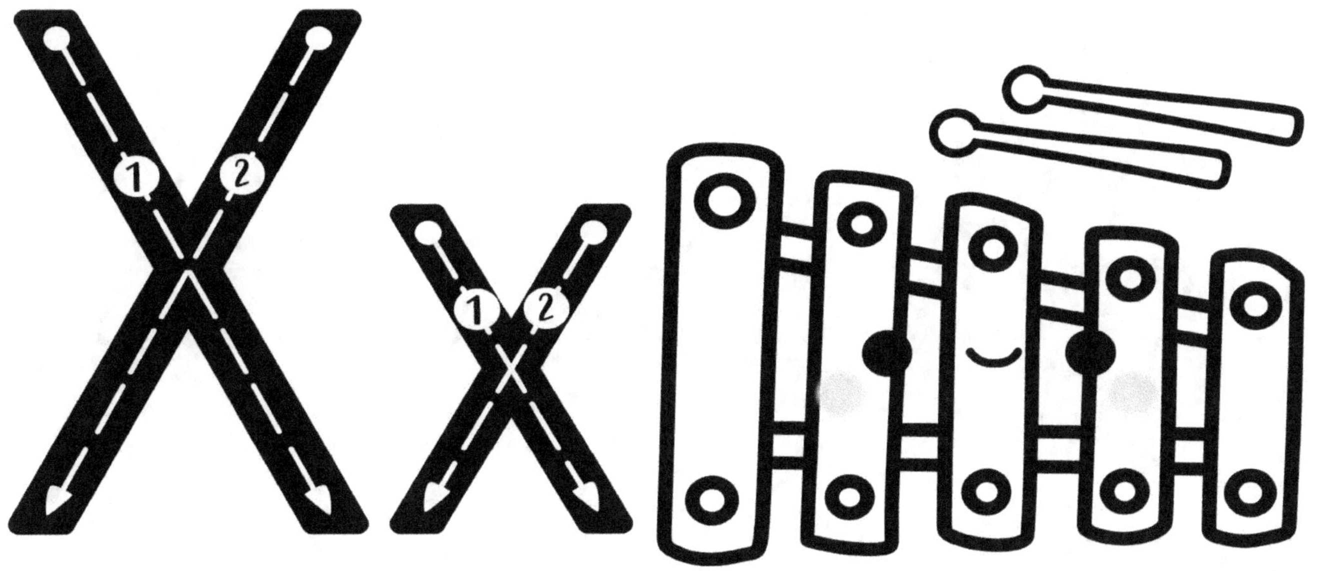

X is for Xylophone

Trace Letter - Y

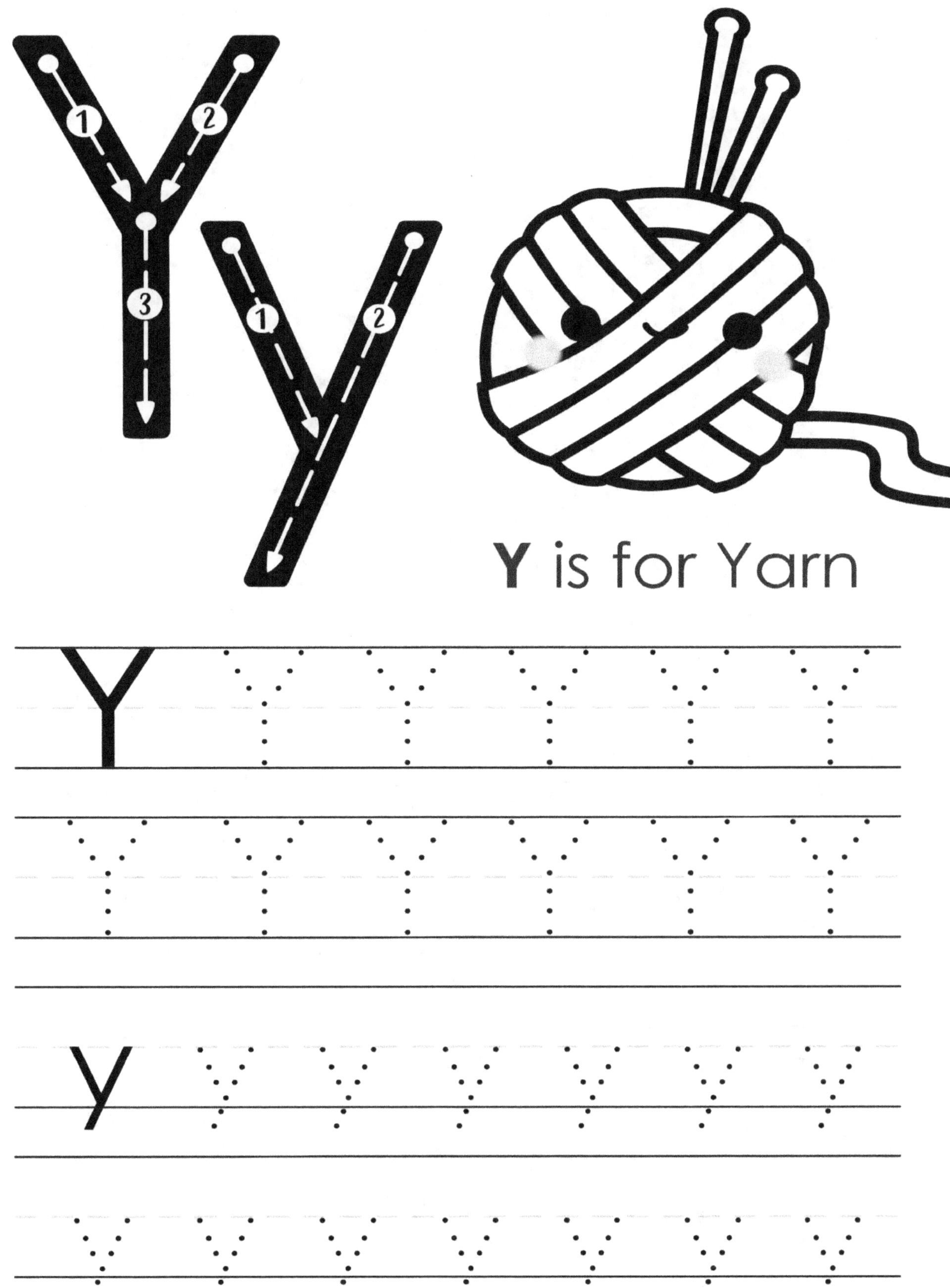

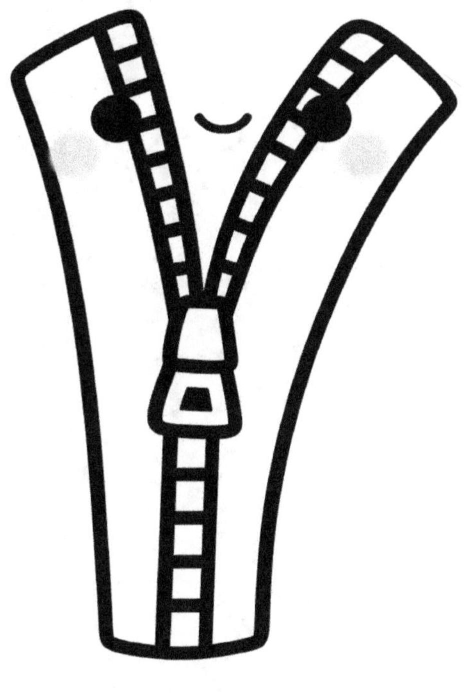

Z is for Zip

A is for Apple

B is for Book

Trace Letter - C

C is for Cactus

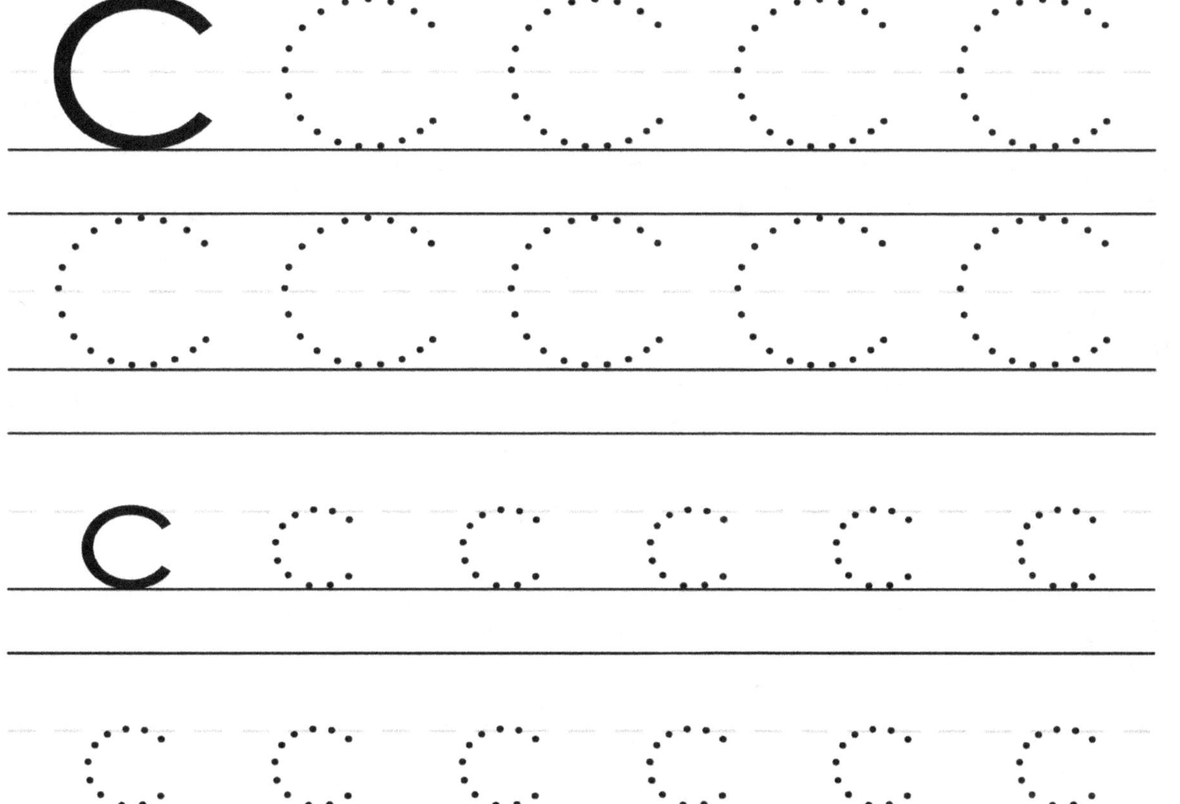

Trace Letter - D

D is for Drum

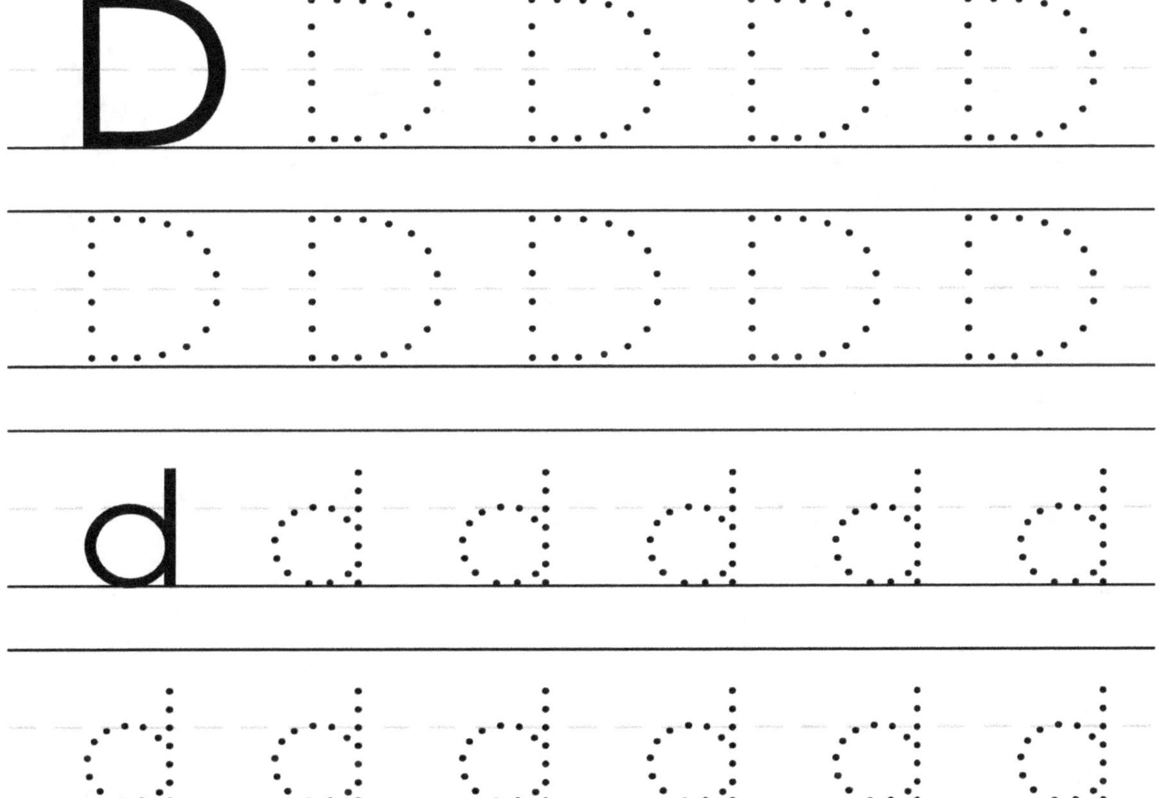

Trace Letter - E

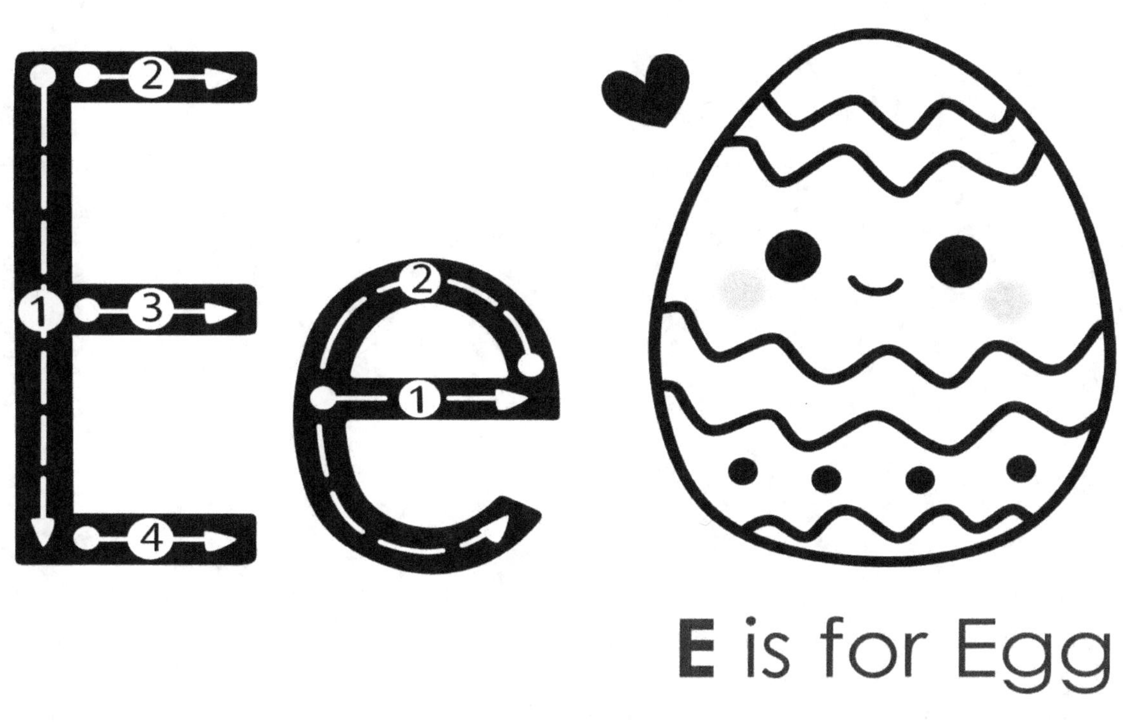

E is for Egg

Trace Letter - F

F is for Flower

F

f

Trace Letter - G

G is for Gift

Trace Letter - H

H is for House

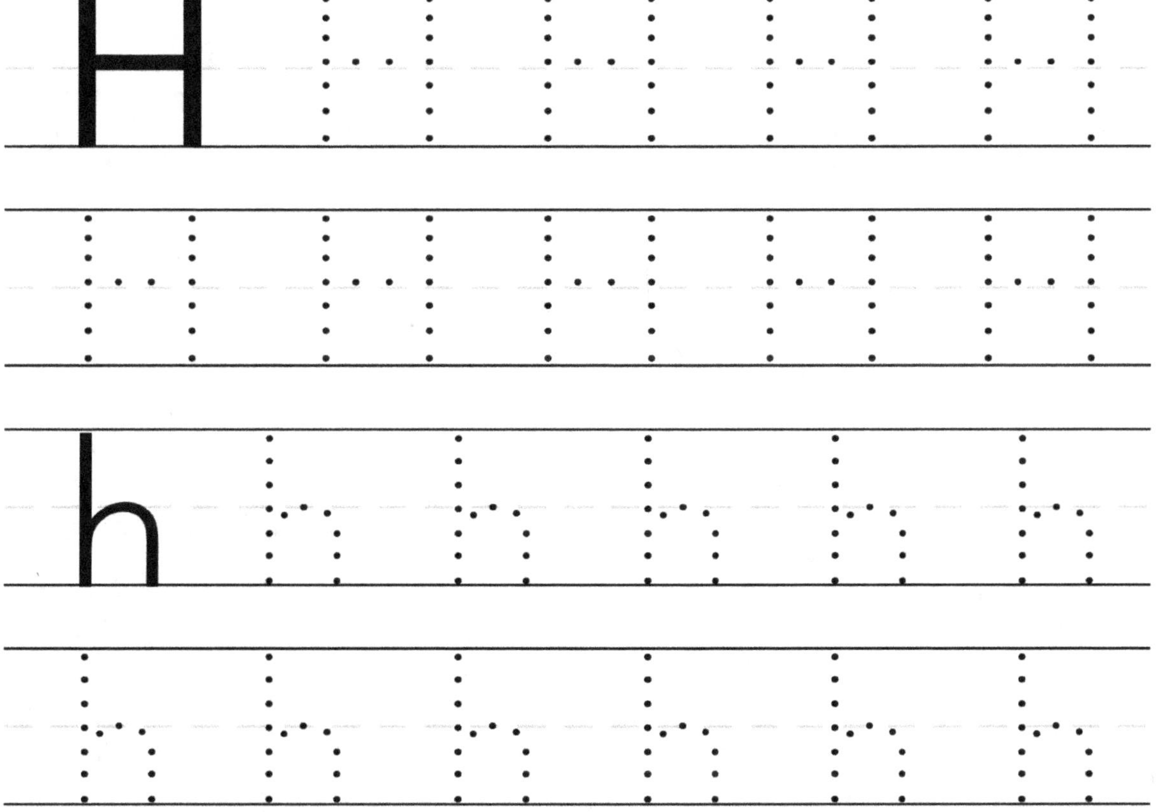

Trace Letter - I

Trace Letter - J

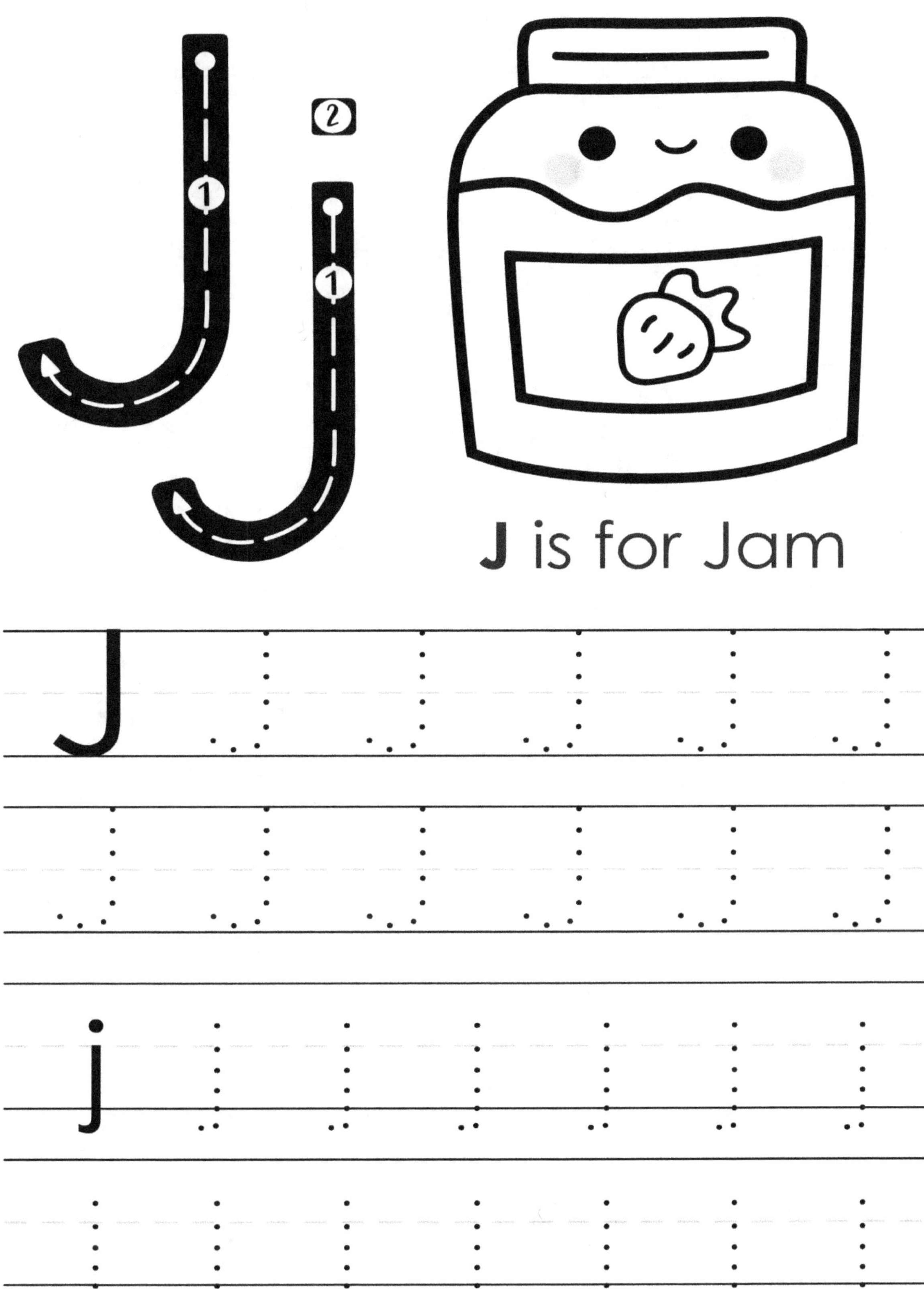

J is for Jam

Trace Letter - K

K is for Kettle

Trace Letter - L

L is for Letter

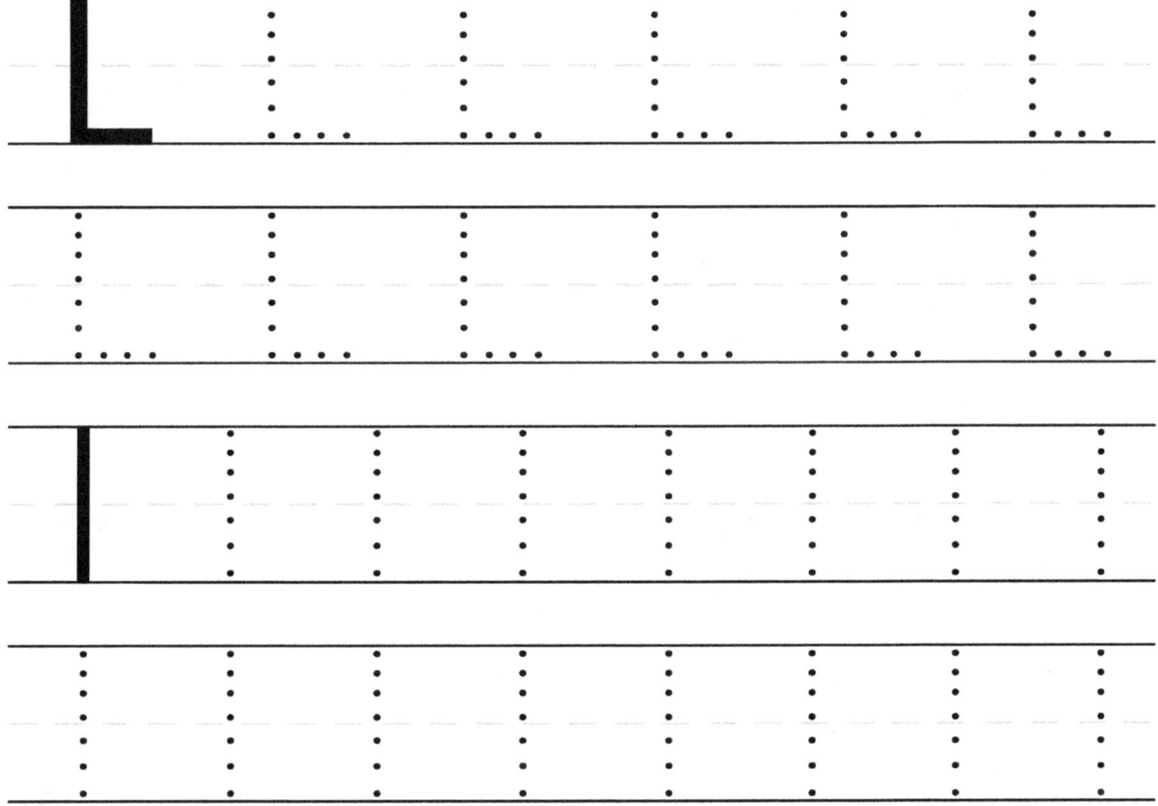

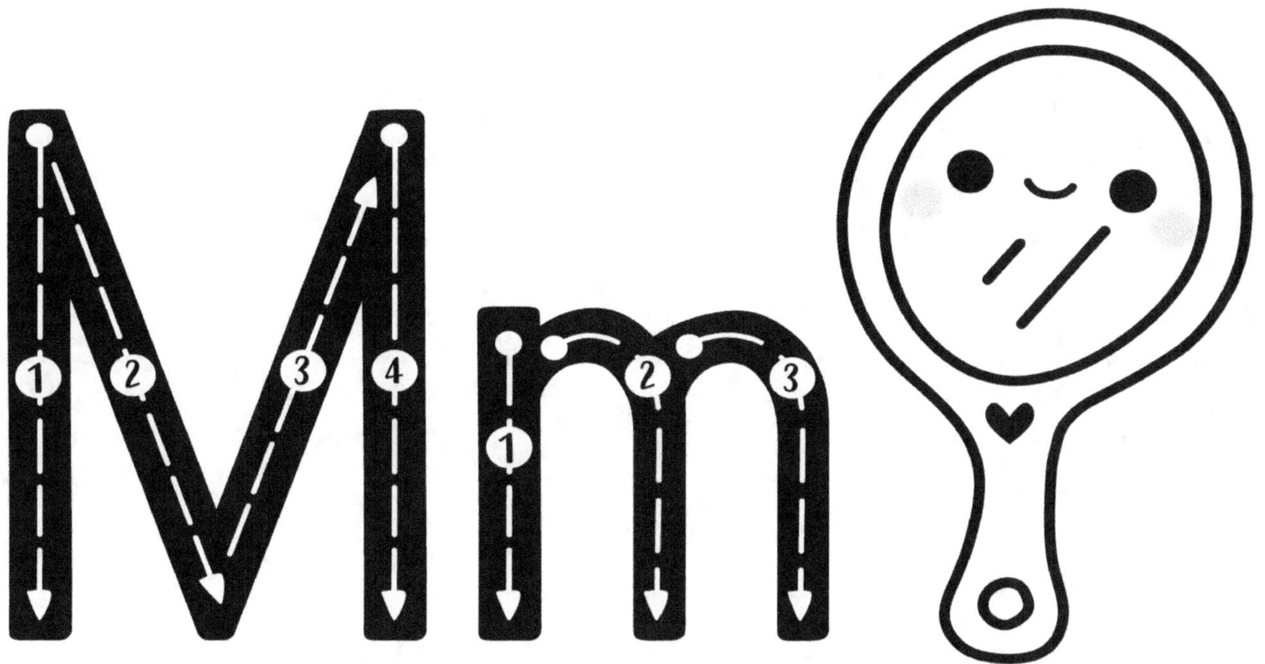

M is for Mirror

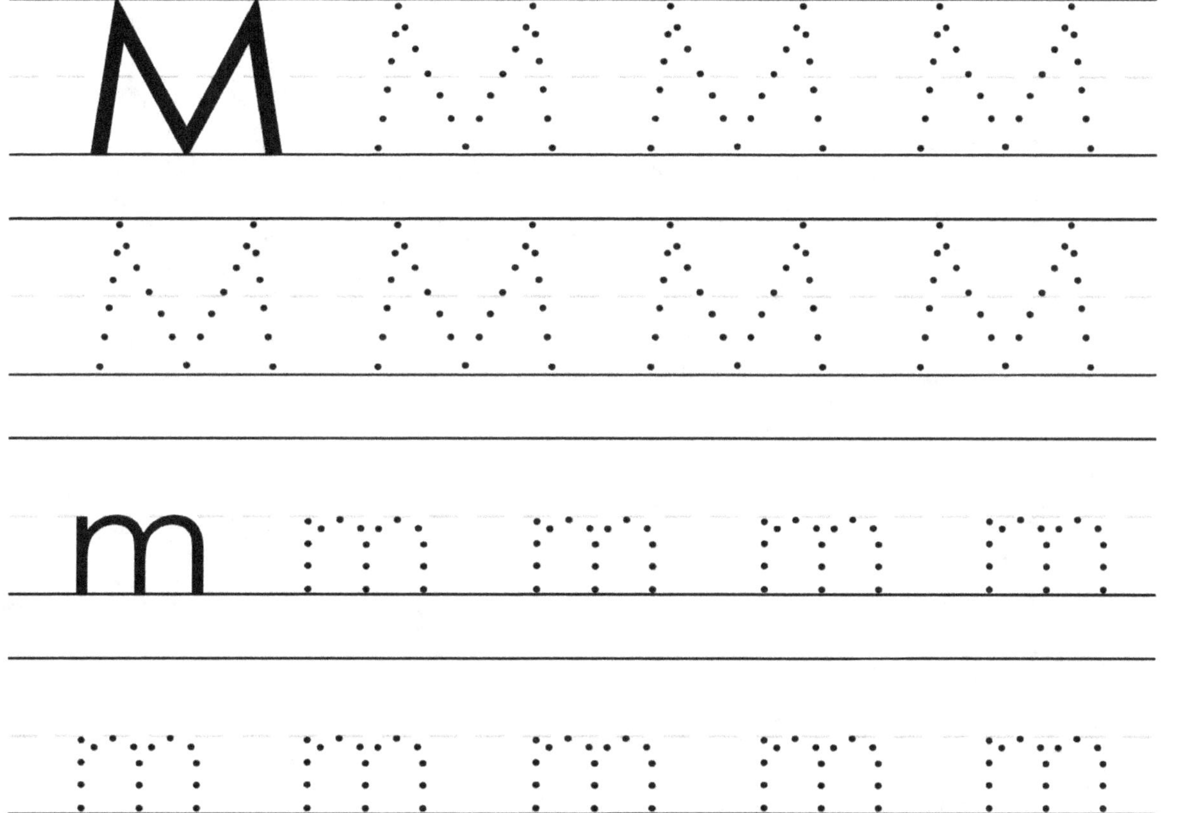

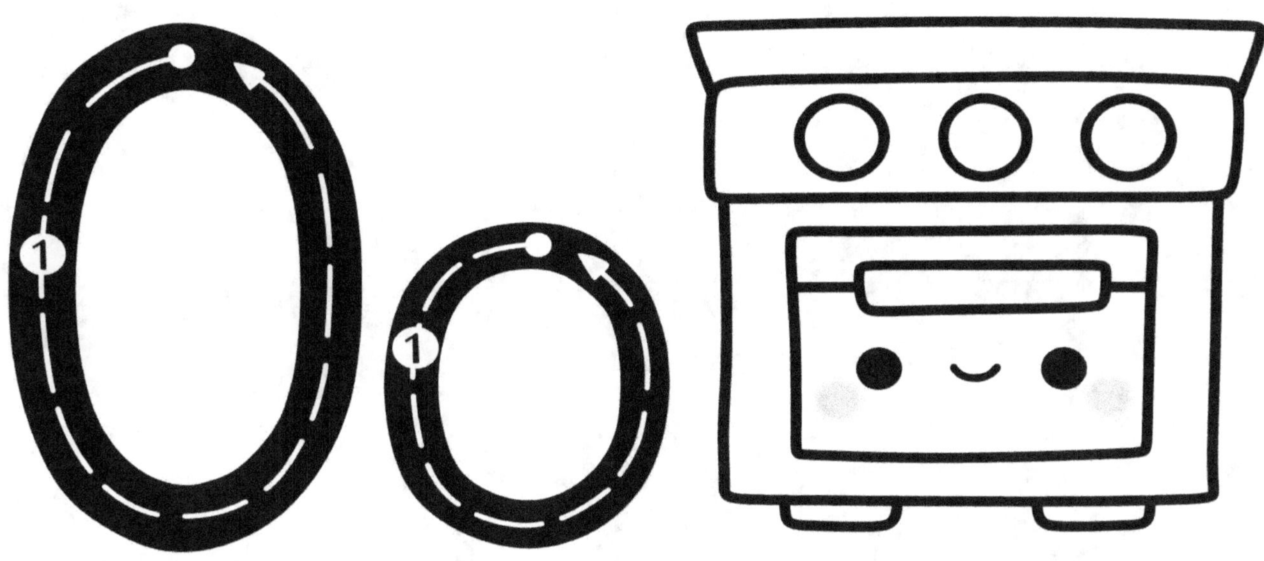

O is for Oven

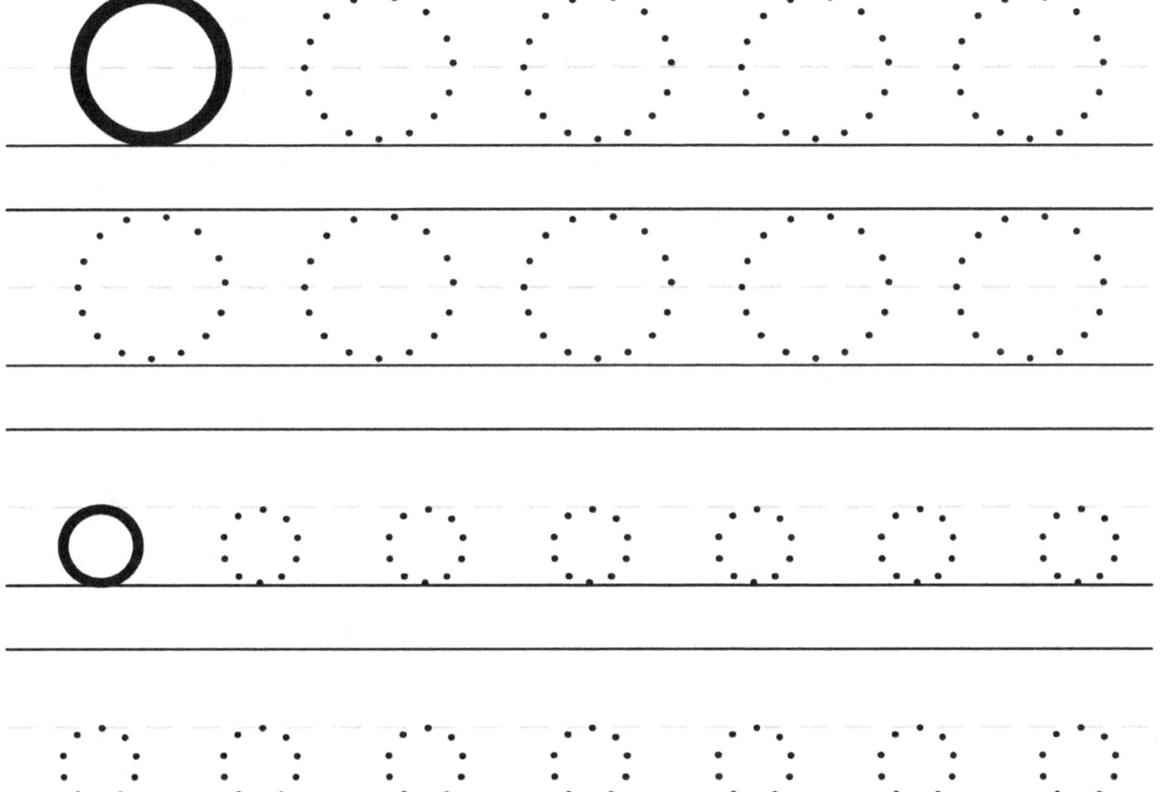

Trace Letter - P

P

P

p

Q is for Quartz

Q Q Q Q Q Q

Q Q Q Q Q Q

q q q q q q q

q q q q q q q

Trace Letter - R

R is for Ring

Trace Letter - S

S is for Star

T is for Tomato

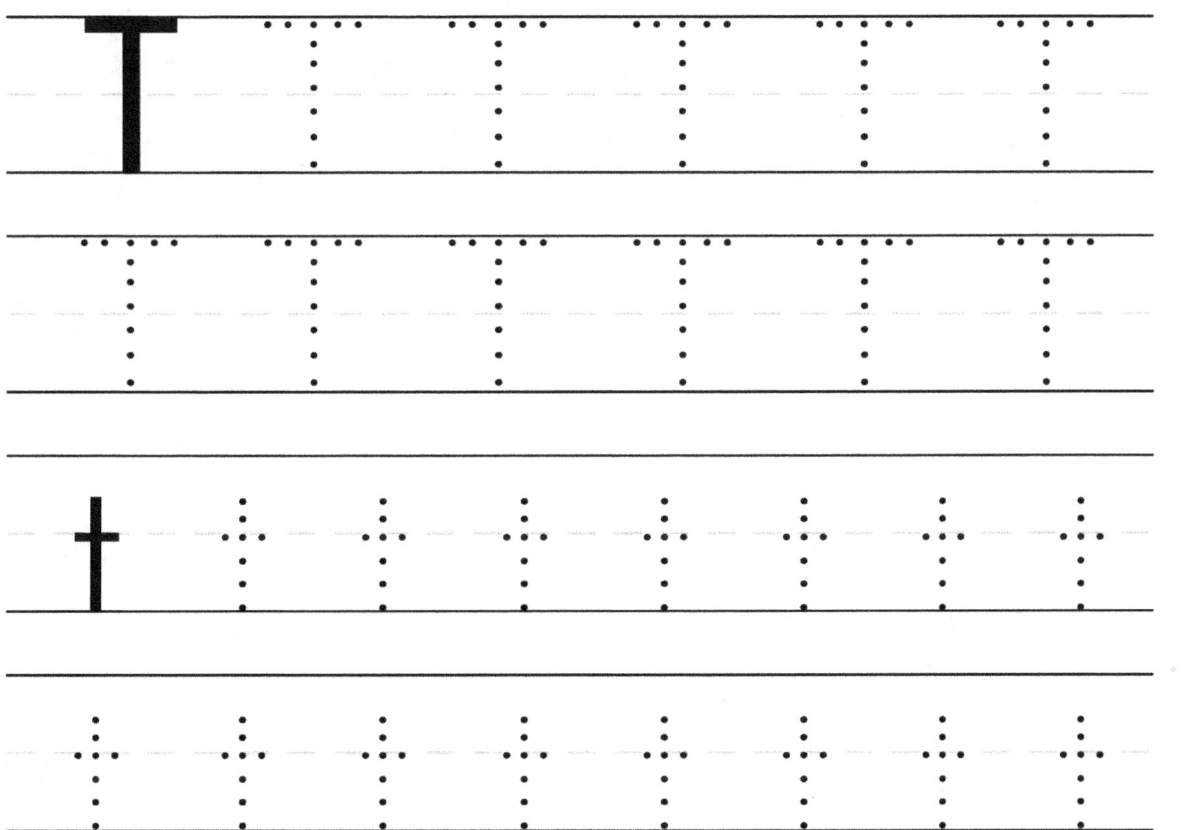

U is for Umbrella

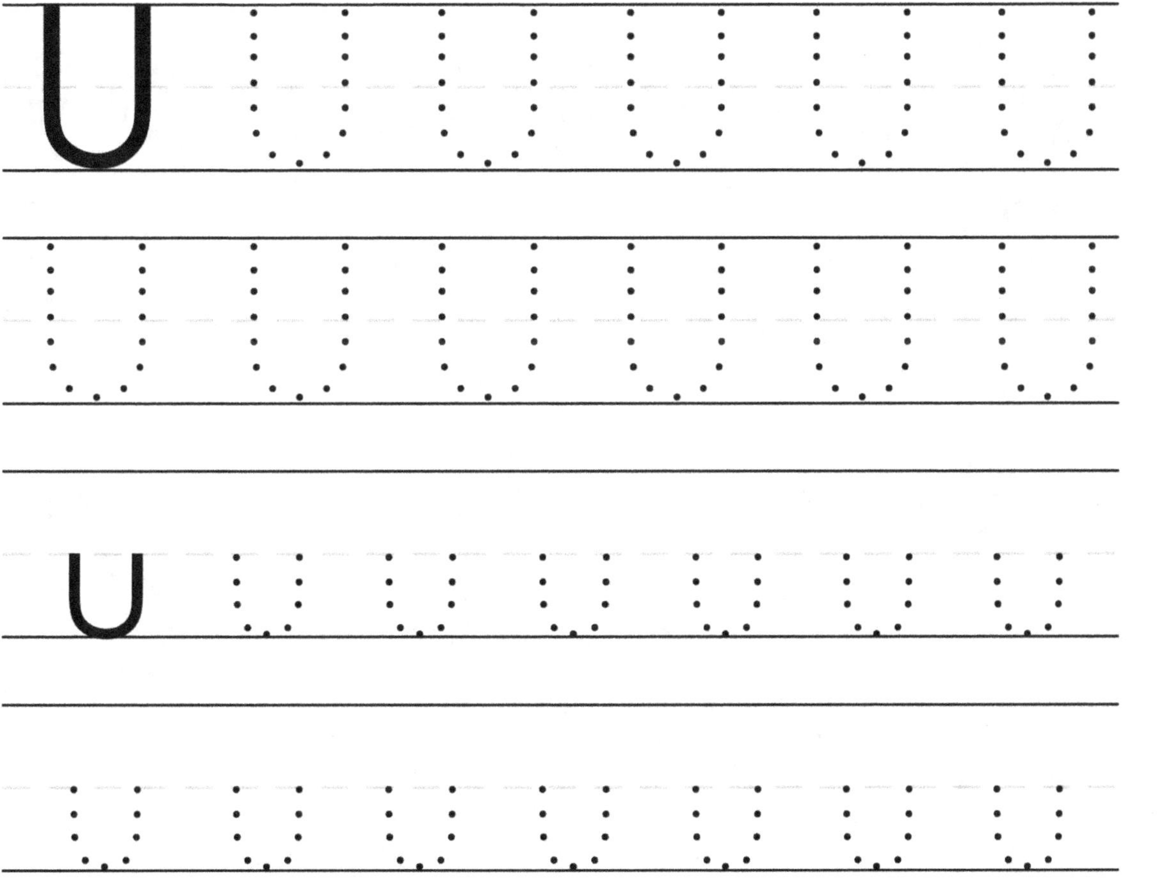

Trace Letter - V

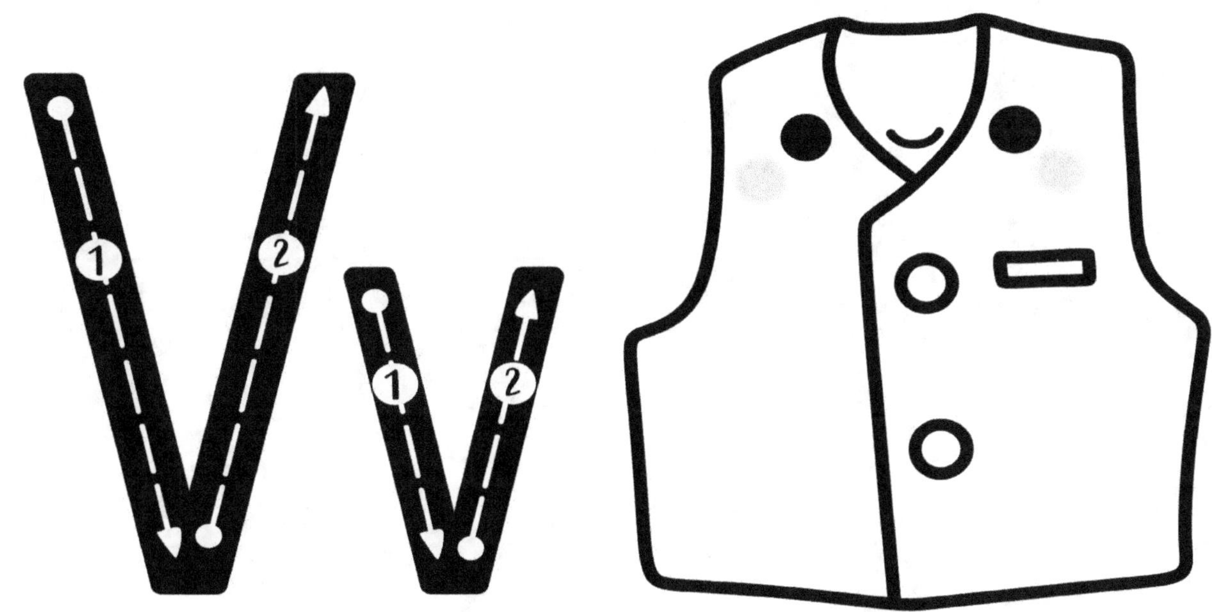

V is for Vest

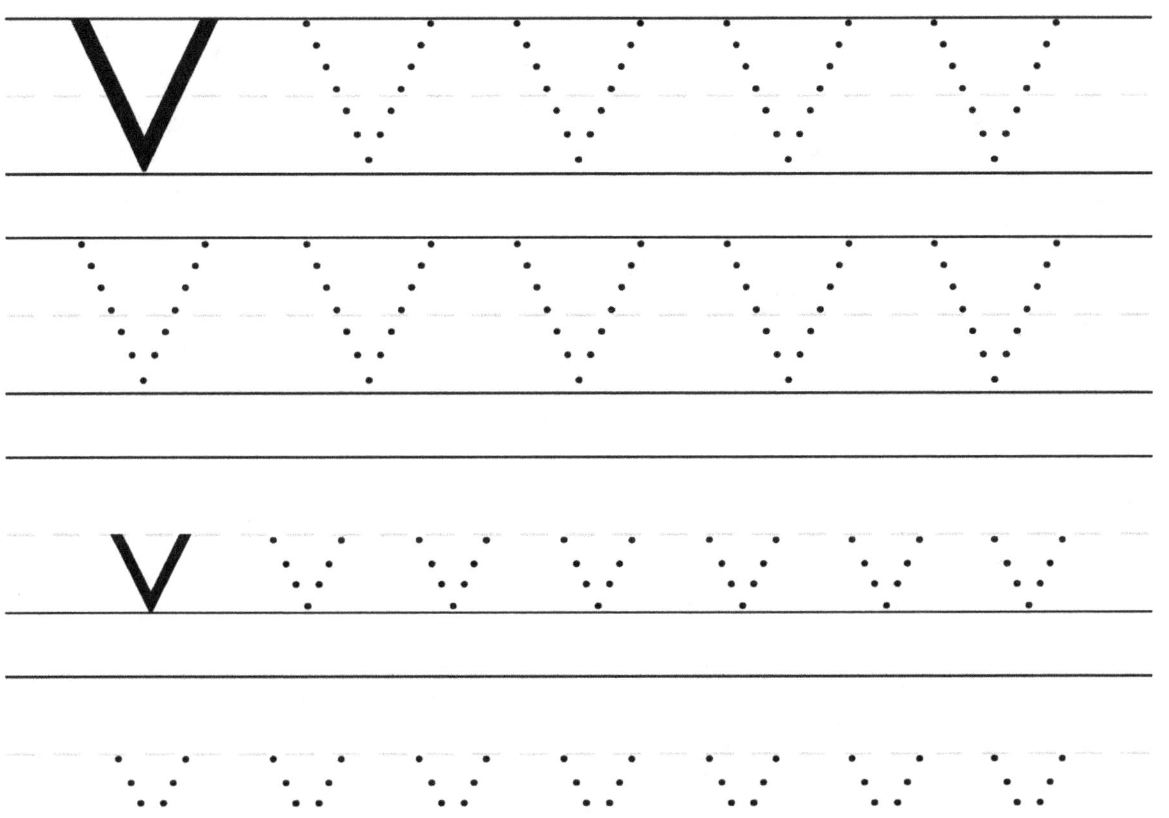

Trace Letter - W

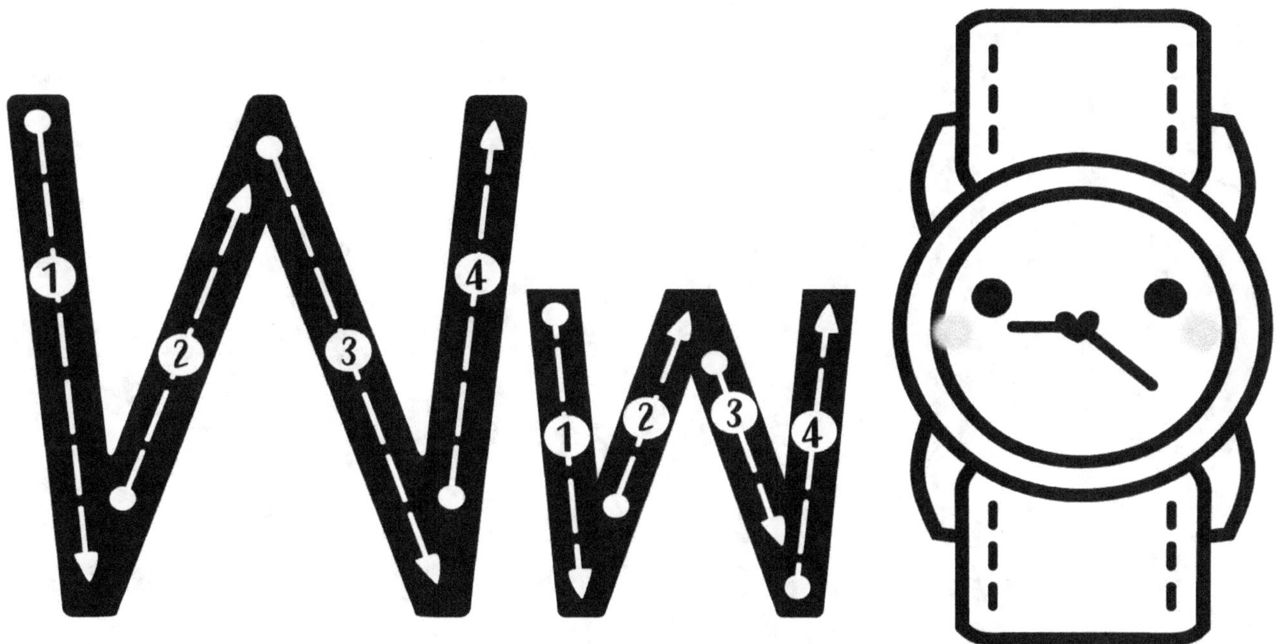

W is for Watch

Trace Letter - X

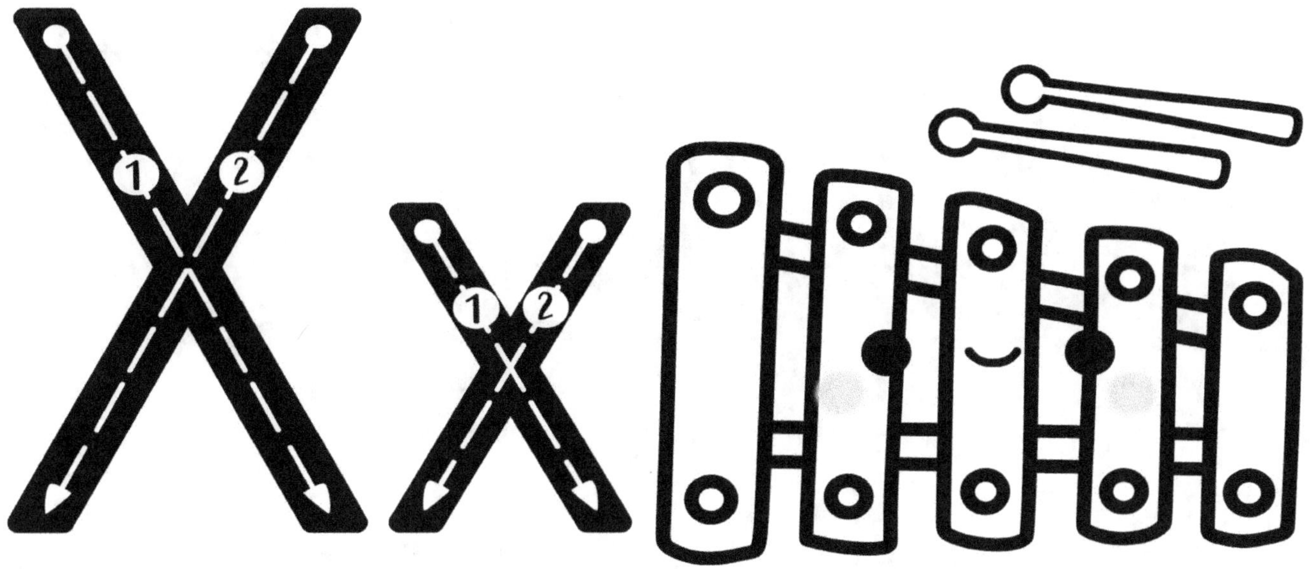

X is for Xylophone

Trace Letter - Y

Y is for Yarn

Trace Letter - Z

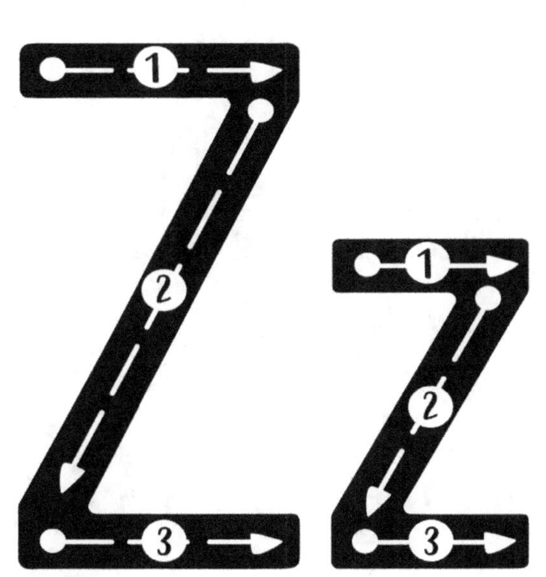

Z is for Zip